Mis

EXERCICES
DE VOCABULAIRE
EN CONTEXTE

CORRIGÉS

Niveau intermédiaire

Anne Akyüz
Bernadette Bazelle-Shahmaei
Joëlle Bonenfant
Marie-Françoise Flament
Jean Lacroix
Daniel Moriot
Patrice Renaudineau
EUROCENTRES

HACHETTE
Français langue étrangère

http://www.fle.hachette-livre.fr

Couverture : Christophe et Guylaine Moi

Maquette intérieure et réalisation : MÉDIAMAX

ISBN 201155154-4

Sommaire

CHAPITRE 1
LA DATE, L'HEURE ET LES MOMENTS DE LA JOURNÉE

■ **Exercice 1**
1. tôt.
2. soir.
3. après-midi.
4. minuit.
5. minuit et demie.
6. midi.

■ **Exercice 2**
1. *d.*
2. *f.*
3. *a.*
4. *b.*
5. *g.*
6. *c.*
7. *e.*

■ **Exercice 3**
1. quatorze heures.
2. seize heures quinze.
3. dix-huit heures trente.
4. vingt heures quarante-cinq.
5. vingt-deux heures cinquante.
6. deux heures.
7. quatre heures et quart.

8. six heures et demie.
9. neuf heures moins le quart.
10. onze heures moins dix.

■ **Exercice 4**
1. *c.*
2. *d.*
3. *a.*
4. *b.*

■ **Exercice 5**
A/
1. six heures de décalage horaire.
2. midi.
3. dure.
4. À quelle heure.
   Réponse : 17 heures 30

B/
5. commence / finit.
6. dure.
7. minutes.

8. finit / commence.
   Réponses :
   22 heures 57 ou
   18 heures 13

■ **Exercice 6**
1. juin.
2. février.
3. mai.
4. janvier.
5. octobre.
6. juillet.
7. mars.
8. août.
9. décembre.
10. septembre.
11. avril.
12. novembre.

■ **Exercice 7**
1. samedi.
2. dimanche.
3. lundi.
4. jeudi.
5. vendredi.
6. mardi.
7. mercredi.
8. lundi.

■ Exercice 8

1. demain soir.
2. lundi prochain.
3. après-demain.
4. au début du mois.
5. hier.
6. avant-hier.
7. à la fin du mois.
8. mercredi dernier.

■ Exercice 9

1. *e.*
2. *a.*
3. *d.*
4. *f.*
5. *h.*
6. *b.*
7. *g.*
8. *c.*

■ Exercice 10

1. ans.
2. trimestre.
3. mois.
4. jour.
5. semaine.
6. siècle.
7. semestres.
8. millénaire.

■ Exercice 11

1. Jeudi.
2. Le 23 décembre 1986.
3. Le 10.
4. Au début du mois.
5. Le 24 février.
6. Le 1er.
7. Une semaine.
8. Deux mois.

■ Exercice 12

1. soir.
2. soirée.
3. année.
4. matin.
5. matinée / journée.
6. journée / matinée.
7. an.
8. jours.

SITUATIONS

■ Exercice 1

1. aujourd'hui.
2. matin.
3. après-midi.
4. heure.
5. 16 h 30.
6. tout à l'heure.

■ Exercice 2

1. horaires.
2. midi et demie.
3. heure du déjeuner.
4. après-midi.
5. tous les jours.
6. dimanche.

■ Exercice 3

1. hier.
2. duré.
3. ans.
4. février.
5. commencé.
6. mois.
7. la fin du.
8. passé.
9. année.
10. semaines.
11. décembre.
12. jours.

CHAPITRE 2
LA VIE QUOTIDIENNE ET LES LOISIRS

■ Exercice 1
1. maquille.
2. brosse les dents.
3. habille.
4. réveille.
5. douche.
6. rase.
7. coiffe.

■ Exercice 2
Le matin
a. *5.*
b. *1.*
c. *6.*
d. *4.*
e. *3.*
f. *2.*

Le soir
a. *2.*
b. *3.*
c. *5.*
d. *1.*
e. *4.*
f. *6.*

■ Exercice 3
1. *c.*
2. *d.*
3. *a.*
4. *b.*

■ Exercice 4
1. *H / F.*
2. *H / F.*
3. *F.*
4. *H / F.*
5. *H / F.*
6. *H / F.*
7. *H.*

■ Exercice 5
1. cuisine.
2. repassage.
3. ménage.
4. vaisselle.
5. courses.
6. lessive.

■ Exercice 6
1. faire la lessive,
   faire le repassage.
2. faire les courses.
3. faire la cuisine,
   faire la vaisselle.
4. Faire le ménage.

■ Exercice 7
1. *La personne aime.*
2. *La personne n'aime pas.*
3. *La personne aime.*
4. *La personne aime.*
5. *La personne n'aime pas.*
6. *La personne aime.*
7. *La personne n'aime pas.*

■ Exercice 8
1. chanter, chant,
   chanteur, chansons.
2. dessinateur, dessin,
   dessiner.

3. peindre, peinture, peintre.

4. lecture, lire, livres.

5. danse, danser, danseur.

6. musique, musiciens, musicale.

■ Exercice 9

1. *c.*

2. *e.*

3. *a.*

4. *f.*

5. *b.*

6. *d.*

■ Exercice 10

1. tableaux.

2. instrument.

3. scène.

4. billet.

5. galerie.

6. écran.

7. orchestre.

■ Exercice 11

A/

1. cinéma.

2. théâtre.

3. discothèque.

4. salle de concert.

5. salle d'opéra.

6. café.

7. parc.

8. stade.

9. musée.

B/

a. *1.*

b. *3.*

c. *2.*

d. *7.*

e. *8.*

f. *4.*

g. *6.*

h. *9.*

i. *5.*

■ Exercice 12

1. dessin.

2. musiciens.

3. acteur.

4. tableau.

5. film.

■ Exercice 13

1. natation.

2. vélo.

3. escalade.

4. roller.

5. football.

6. jogging.

7. marche.

8. tennis.

9. gymnastique.

■ Exercice 14

1. football.

2. de la natation.

3. l'escalade.

4. au tennis.

5. de la marche.

6. de gymnastique.

7. du jogging.

■ Exercice 15

1. (+)

2. (–)

3. (+)

4. (–)

5. (+)

6. (+)

7. (–)

8. (–)

9. (+)

10. (–)

11. (+)

SITUATIONS

■ Exercice 1

1. me lève.
2. douche.
3. petit déjeuner.
4. quitte.
5. rentre.
6. lessive.
7. repassage.
8. ménage.
9. cuisine.
10. courses.
11. temps libre.
12. loisirs.
13. cours.
14. sors.
15. cinéma.

■ Exercice 2

1. aime.
2. musique.
3. joue.
4. danse.
5. natation.
6. nage.
7. passion.
8. lecture.
9. peinture.
10. tableaux.

■ Exercice 3

1. exposition.
2. fantastique.
3. pièce.
4. acteurs.
5. mauvais.
6. ennuyeux.
7. jouer.
8. instrument.
9. orchestres.
10. amusant.
11. chanté et dansé.
12. reposée.

CHAPITRE 3
LA FAMILLE ET
LES ÉVÉNEMENTS FAMILIAUX

■ Exercice 1
1. femme.
2. fils.
3. fille.
4. cousin.
5. oncle.
6. tante.
7. mari.
8. sœur.
9. nièce.
10. frère.

■ Exercice 2
1. *c.*
2. *a.*
3. *d.*
4. *j.*
5. *i.*
6. *g.*
7. *h.*
8. *e.*
9. *b.*
10. *f.*

■ Exercice 3
1. mari.
2. frères.
3. femme.
4. belles-filles.
5. petits-enfants, petit-fils, petites-filles.
6. sœur.
7. cousines, cousin.
8. oncles, tantes.

■ Exercice 4
1. Vrai.
2. Faux.
3. Vrai.
4. Faux.
5. Faux.
6. Faux.
7. Vrai.
8. Faux.

■ Exercice 5
1. bébé.
2. enfant.
3. adolescent.
4. adultes.
5. personnes âgées.

■ Exercice 6
1. *c.*
2. *a.*
3. *e.*
4. *b.*
5. *d.*

■ Exercice 7
1. naissance.
2. fiançailles.
3. mariage.
4. séparation.
5. mort.
6. enterrement.

■ Exercice 8
1. *f.*
2. *e.*
3. *g.*
4. *h.*
5. *d.*
6. *c.*
7. *b.*
8. *a.*

Exercice 9

1. Sa femme est morte.
2. Il va se marier.
3. Il n'est pas marié.
4. Il ne vit plus avec sa femme.
5. Il a une femme.

Exercice 10

1. fiançailles.
2. naissance.
3. anniversaire de mariage.
4. anniversaire.
5. mariage.
6. enterrement.

Exercice 11

1. se sont rencontrés.
2. se sont mariés.
3. couple.
4. fils.
5. est né.
6. est mort.
7. divorcer.
8. célibataires.

SITUATIONS

Exercice 1

1. naissance.
2. fils.
3. bébé.
4. maman.
5. mariage.
6. fille.
7. décès.
8. père.

Exercice 2

1. anniversaire.
2. belle-sœur.
3. parents.
4. enterrement.
5. oncle.
6. fête de famille.
7. tantes.
8. cousines.
9. anniversaire de mariage.
10. grands-parents.

CHAPITRE 4
LE LOGEMENT

■ **Exercice 1**
1. cheminée.
2. garage.
3. fenêtre.
4. jardin.
5. boîte aux lettres.
6. porte.

■ **Exercice 2**
1. *Faux.*
2. *Faux.*
3. *Faux.*
4. *Vrai.*
5. *Vrai.*
6. *Faux.*

■ **Exercice 3**
1. pièces.
2. toilettes.
3. chambres.
4. couloir.
5. salle de bains.
6. salle à manger.
7. salon.
8. cuisine.

■ **Exercice 4**
1. *c.*
2. *a.*
3. *f.*
4. *b.*
5. *d.*
6. *e.*

■ **Exercice 5**
1. *d.*
2. *f.*
3. *e.*
4. *c.*
5. *a.*
6. *b.*

■ **Exercice 6**
1. sombre.
2. spacieux.
3. vide.
4. chaud.

■ **Exercice 7**
naturelle, grosse, basse.

■ **Exercice 8**
1. *b.*
2. *h.*
3. *g.*
4. *c.*
5. *f.*
6. *a.*
7. *d.*
8. *e.*

■ **Exercice 9**
6, 1, 4, 3, 5, 2.

■ **Exercice 10**
1. *c.*
2. *j.*
3. *d.*
4. *e.*
5. *b.*
6. *g.*
7. *a.*
8. *l.*
9. *f.*
10. *i.*
11. *k.*
12. *h.*

■ Exercice 11

1. appartement.
2. pièces.
3. immeuble.
4. ancien.
5. étage.
6. ascenseur.

■ Exercice 12

1. miroir.
2. cheminée.
3. tiroirs.
4. table.
5. oreiller.
6. tapis.
7. fauteuil.
8. draps.

■ Exercice 13

1. un lit, un canapé, un fauteuil, une chaise.
2. une commode, un buffet, une armoire, un tiroir.

■ Exercice 14

1. four.
2. micro-ondes.
3. plaques électriques.
4. lave-vaisselle.
5. réfrigérateur, congélateur.
6. évier.
7. placards.

■ Exercice 15

1. le réfrigérateur.
2. l'évier.
3. le congélateur.
4. le placard.
5. le micro-ondes.
6. les plaques électriques.

■ Exercice 16

1. assiette.
2. couteau.
3. bouteille.
4. verre.
5. nappe.
6. serviette.
7. fourchette.
8. cuillère.
9. plat.

■ Exercice 17

1. fourchettes.
2. verres.
3. plats.
4. couteaux.
5. cuillères.
6. bouteilles.
7. nappe.
8. serviette.
Mot manquant :
assiettes.

■ Exercice 18

1. peigne.
2. brosse à dents.
3. douche.
4. lavabo.
5. brosse à cheveux.
6. rasoir.
7. sèche cheveux.
8. baignoire.

■ Exercice 19

1. savon.
2. robinet.
3. baignoire.
4. douche.
5. rasoir.
6. serviette de toilette.
7. brosse à dents.
8. tube de dentifrice.

SITUATIONS

■ Exercice 1

1. annonce.
2. renseignements.
3. étage.
4. appartement.
5. ascenseur.
6. ensoleillé.
7. visiter.

■ Exercice 2

1. déménagement.
2. appartement.
3. chambres.
4. salle de bains.
5. baignoire.
6. grand.
7. clair.
8. balcon.
9. placards.
10. équipée.
11. meuble.

■ Exercice 3

1. lampe.
2. miroir.
3. buffet.
4. verres.
5. assiettes.
6. nappe.
7. serviettes.
8. tapis.
9. canapé.
10. fauteuils.
11. commode.
12. réfrigérateur.

CHAPITRE 5
LA NOURRITURE

■ **Exercice 1**
1. yaourt.
2. pain.
3. beurre.
4. confiture.
5. thé.
6. lait.
7. jus de fruit.
8. fromage.

■ **Exercice 2**
1. pain.
2. beurre.
3. confiture.
4. céréales.
5. lait.
6. chocolat.
7. café.
8. sucre.
9. thé.
10. yaourt.
11. fromage.

■ **Exercice 3**
A/
1. pommes de terre.
2. tomates.
3. concombre.
4. carottes.
5. oignons.
6. salade.

B/
1. poire.
2. pomme.
3. orange.
4. fraises.
5. banane.
6. raisin.

■ **Exercice 4**
Salade pour une entrée :
des tomates,
des pommes de terre,
des oignons,
de la salade,
du concombre,
des carottes.
Salade pour un dessert :
une poire, une banane,
une pomme, du raisin,
des fraises, une orange.

■ **Exercice 5**
1. pâté.
2. vin.
3. œufs.
4. champagne.
5. poulet.
6. eau.
7. poisson.
8. viande.

■ **Exercice 6**
Assiette de Pauline :
du pain, du poulet,
des œufs, du vin.
Assiette de Fabrice :
du poisson,
de la mayonnaise,
du champagne.
Assiette d'Agathe :
du pâté, du jambon,
de l'eau, du pain.

■ **Exercice 7**
1. moutarde.
2. poivre.

3. sel.
4. huile.
5. vinaigre.

■ **Exercice 8**

1. *d.*
2. *c.*
3. *e.*
4. *b.*
5. *f.*
6. *a.*

■ **Exercice 9**

1. tartes.
2. croque-monsieur.
3. quiches.
4. gâteaux.
5. sandwichs.
6. pizzas.

■ **Exercice 10**

1. quiches.
2. sandwich.
3. croque-monsieur.
4. pizza.
5. gâteau.
6. tarte.

■ **Exercice 11**

1. pâtes.
2. champignons.
3. riz.
4. petits pois.
5. frites.
6. haricots verts.

■ **Exercice 12**

L'entrée :
œufs mayonnaise,
salade de tomates.
Le plat principal :
poisson, frites,
haricots verts, steak.
Le fromage :
camembert, yaourt.
Le dessert :
glace à la crème
Chantilly,
tarte aux poires.

■ **Exercice 13**

1. brûlant.
2. dur.
3. crus.
4. gras.
5. délicieux.
6. tendre.
7. fort.

■ **Exercice 14**

1. immangeable.
2. brûlant.
3. sucré.
4. tendre.
5. fort.
6. cru.

■ **Exercice 15**

1. *e.*
2. *f.*
3. *a.*
4. *b.*
5. *c.*
6. *d.*

SITUATIONS

■ **Exercice 1**

1. tomates.
2. oignons.
3. pommes de terre.
4. huile.
5. vin.
6. eau minérale.
7. pain.
8. gâteau.

■ **Exercice 2**

1. entrée.

2. salade.

3. œufs.

4. poisson.

5. pâtes.

6. saignant.

7. frites.

8. eau minérale.

9. rosé.

■ **Exercice 3**

1. délicieux.

2. poulet.

3. tomates.

4. salé.

5. vin.

6. eau.

7. fromage.

8. gâteau.

9. chocolat.

10. croque-monsieur.

CHAPITRE 6
LA VILLE

■ **Exercice 1**

1. trottoir.
2. pont.
3. place.
4. passage piétons.
5. feu rouge.
6. banlieue.
7. carrefour.

■ **Exercice 2**

1. *Vrai.*
2. *Faux.*
3. *Vrai.*
4. *Vrai.*
5. *Faux.*
6. *Vrai.*

■ **Exercice 3**

1. stade.
2. parc.
3. mairie.
4. commissariat
   de police.

5. gare.
6. bibliothèque.
7. piscine.
8. centre commercial.

■ **Exercice 4**

1. *d.*
2. *e.*
3. *f.*
4. *g.*
5. *a.*
6. *h.*
7. *b.*
8. *c.*

■ **Exercice 5**

1. *c.*
2. *e.*
3. *g.*
4. *b.*
5. *h.*
6. *d.*

7. *a.*
8. *f.*

■ **Exercice 6**

1. à droite.
2. à la sortie.
3. devant.
4. en haut.
5. près.

■ **Exercice 7**

1. Vous longez
   la rivière.
2. Vous traversez
   le pont.
3. Vous allez
   tout droit
   jusqu'au carrefour.
4. Vous descendez
   l'avenue.
5. Au bout,
   vous tournez
   à gauche.
6. Vous prenez
   la deuxième
   à droite.

7. À gauche,
   sur le trottoir
   de droite, vous avez
   la mairie.

■ Exercice 8

1. stationnement
   interdit.
2. arrêt d'autobus.
3. sens interdit.
4. station de taxis.
5. parking.
6. piste cyclable.

■ Exercice 9

1. *g.*
2. *e.*
3. *d.*
4. *a.*
5. *c.*
6. *b.*
7. *f.*

■ Exercice 10

1. J'entre dans la station
   de métro.
2. J'achète un ticket
   de métro.
3. Je valide mon ticket.
4. J'attends sur le quai.

5. Je monte dans
   la deuxième voiture.
6. Je descends huit
   stations plus loin.
7. Je sors de la station,
   je suis arrivé.

■ Exercice 11

1. le trottoir.
2. le carrefour.
3. le quai.
4. la station.
5. le billet.

■ Exercice 12

1. passage piétons.
2. centre ville.
3. feu rouge.
4. rond point.
5. station de métro.
6. arrêt d'autobus.

■ Exercice 13

Numéros des phrases :
1, 3, 5, 6, 8, 9, 10.

SITUATIONS

■ Exercice 1

1. gare.
2. rue.
3. descend.
4. tout droit.
5. devant.
6. commissariat
   de police.
7. prenez.
8. traversez.
9. place.
10. près.

■ Exercice 2

1. banlieue.
2. calme.
3. dangereux.
4. centre ville.
5. quartier.
6. mairie.
7. animé.
8. cher.
9. parc.
10. transports.
11. train.

■ Exercice 3

1. circulez.
2. prenez.

3. métro.

4. autobus.

5. voiture.

6. vélo.

7. automobilistes.

8. conduisent.

9. dangereux.

10. bus.

11. arrêts d'autobus.

12. stations de métro.

13. circulation.

14. marche.

LES MAGASINS
ET LES SERVICES

■ **Exercice 1**

1. bijouterie.

2. tabac.

3. boulangerie.

4. épicerie.

5. pharmacie.

6. librairie.

7. boucherie.

8. parfumerie.

9. charcuterie.

10. marchand
de journaux.

■ **Exercice 2**

1. *d.*

2. *a.*

3. *f.*

4. *b.*

5. *j.*

6. *h.*

7. *e.*

8. *c.*

9. *g.*

10. *i.*

■ **Exercice 3**

1. *g.*

2. *a.*

3. *b.*

4. *e.*

5. *d.*

6. *c.*

7. *f.*

■ **Exercice 4**

1. *c.*

2. *a.*

3. *h.*

4. *b.*

5. *g.*

6. *f.*

7. *d.*

8. *e.*

■ **Exercice 5**

1. *c.*

2. *f.*

3. *e.*

4. *h.*

5. *d.*

6. *g.*

7. *a.*

8. *b.*

■ **Exercice 6**

1. elle coûte combien.

2. c'est cher.

3. elles sont à quel prix.

4. ça fait combien
en tout.

5. Je vous dois.

6. ils font combien.

■ **Exercice 7**

A/ 2, 3, 5, 8.

B/ 1, 4, 6, 7, 9.

■ **Exercice 8**

1. caisse.

2. pièces de monnaie.

3. billet.

4. chèque.

5. carte bancaire.

Exercice 9

1. courses.
2. supermarché.
3. produits.
4. rayons.
5. articles en promotion.
6. caisse.
7. carte bancaire.

Exercice 10

1. pressing.
2. bureau de change.
3. station-service.
4. poste.
5. office de tourisme.
6. agence immobilière.
7. agence de voyages.
8. salon de coiffure.

Exercice 11

1. commissariat de police.
2. station-service.
3. office de tourisme.
4. poste.
5. pressing.
6. bureau de change.
7. agence de voyages.
8. banque.

Exercice 12

1. chez le dentiste.
2. à la gare.
3. à l'aéroport.
4. à l'hôtel.
5. dans une agence immobilière.
6. au restaurant.

Exercice 13

1. *e.*
2. *d.*
3. *b.*
4. *f.*
5. *c.*
6. *a.*

Exercice 14

1. *f.*
2. *c.*
3. *b.*
4. *g.*
5. *a.*
6. *e.*
7. *d.*

Exercice 15

1. rembourser.
2. changer.
3. dépenser.
4. retrait.
5. change.

Exercice 16

1. Introduisez, carte.
2. code secret.
3. montant.
4. Retirez.
5. billets, ticket.

Exercice 17

1. *L'employé.*
2. *Le client.*
3. *Le client.*
4. *Le client.*
5. *L'employé.*
6. *L'employé.*
7. *Le client.*
8. *Le client.*
9. *Le client.*
10. *L'employé.*
11. *Le client.*
12. *Le client.*
13. *L'employé.*
14. *Le client.*
15. *Le client.*

SITUATIONS

Exercice 1

4, 6, 2, 8, 5, 7, 3, 1.

■ **Exercice 2**

1. je peux
   vous aider.
2. je cherche.
3. Il coûte combien.
4. Il vous faut
   autre chose.

5. Combien
   je vous dois.
6. cela vous fait.
7. vous n'avez pas
   de monnaie.
8. billet.
9. chèque.

■ **Exercice 3**

1. retirer.
2. dépenser.
3. changer.
4. ai prêté.
5. rembourse.
6. doit.
7. chèque.

LE CORPS

■ Exercice 1

1. poitrine.
2. cœur.
3. genou.
4. jambe.
5. tête.
6. cou.
7. dos.
8. bras.
9. main.
10. pied.

■ Exercice 2

1. pieds, mains.
2. dos, ventre.
3. tête.
4. bras, jambes.

■ Exercice 3

1. œil.
2. nez.
3. bouche.
4. langue.
5. menton.

6. gorge.
7. cheveux.
8. dents.
9. oreille.
10. lèvres.

■ Exercice 4

1. oreilles.
2. tête.
3. nez.
4. yeux.
5. bouche.
6. dents.
7. langue.
8. lèvres.

■ Exercice 5

1. yeux.
2. oreilles.
3. pieds.
4. main.
5. ventre.
6. gorge.
7. dos.

■ Exercice 6

A/ la bouche, les dents,
les cheveux,
les joues, le menton,
la gorge.
B/ le dos, la poitrine,
le ventre, les mains,
le cœur, les doigts.
C/ les pieds, les jambes,
les genoux.

■ Exercice 7

A/ boire, goûter.
B/ tenir, toucher,
caresser, frapper.
C/ courir, sauter,
marcher.
D/ regarder, observer,
voir.
E/ écouter, entendre.
F/ mordre.
G/ sentir.

■ Exercice 8

1. lève.
2. écarte.

3. plie.

4. tend.

5. se penche.

6. baisse.

Exercice 9

1. couche.

2. couchée.

3. debout.

4. assoit.

5. assise.

6. lève.

Exercice 10

1. lever.

2. écarter.

3. tendre.

4. penché.

5. baissé.

6. couché.

7. assis.

8. levé.

Exercice 11

1. petit.

2. grand.

3. mince.

4. maigre.

5. taille moyenne.

6. gros.

Exercice 12

1. *c.*

2. *e.*

3. *a.*

4. *f.*

5. *d.*

6. *b.*

Exercice 13

1. crépus.

2. bouclés.

3. courts.

4. chauve.

5. longs.

6. raides.

7. mi-longs.

Exercice 14

1. grand.

2. gros.

3. bouclés.

4. taille moyenne.

5. mince.

6. longs.

Exercice 15

1. *e.*

2. *d.*

3. *c.*

4. *a.*

5. *b.*

Exercice 16

1. *a.*

2. *d.*

3. *b.*

4. *f.*

5. *e.*

6. *c.*

Exercice 17

A/ blond, raide, bouclé, brun, roux, chauve, châtain.

B/ carré, rond, allongé.

C/ grand, mince, gros, petit.

Exercice 18

1. *b.*

2. *a / b.*

3. *a.*

4. *a.*

5. *b.*

SITUATIONS

Exercice 1

1. grande rousse.

2. bouclés.

3. yeux.

4. mesurer.

5. grand.

6. petit.

7. brun.

■ **Exercice 2**

1. levez les bras.

2. mettez les pieds.

3. penchez le corps.

4. baissez la tête.

5. plier les genoux.

■ **Exercice 3**

1. bouche.

2. langue.

3. gorge.

4. dents.

5. oreilles.

6. cœur.

7. poitrine.

8. bras.

9. yeux.

10. pesez.

11. mesurez.

CHAPITRE 9
LES VÊTEMENTS ET LES ACCESSOIRES

■ **Exercice 1**

A/
1. tailleur.
2. jupe.
3. bottes.
4. collants.
5. chaussures.
6. chemisier.
7. soutien-gorge.
8. sandales.
9. robe.
10. manteau.
11. maillot de bain.

B/
1. blouson.
2. veste.
3. chemise.
4. imperméable.
5. pantalon.
6. polo.
7. baskets.
8. chaussettes.
9. slip.
10. jogging.
11. costume.

■ **Exercice 2**
1. Émilie.
2. Monique.
3. Aude.
4. Jeanne.

■ **Exercice 3**
1. blouson, manteau, imperméable.
2. soutien-gorge, slip.
3. sandales, chaussettes, bottes.

■ **Exercice 4**
1. serré.
2. long.
3. court.
4. large.
5. étroit.

■ **Exercice 5**
1. *c.*
2. *d.*
3. *a.*
4. *b.*

■ **Exercice 6**
1. long, raccourcir.
2. rétrécir.
3. rallonger.
4. serré, élargir.

■ **Exercice 7**
1. *Vrai.*
2. *Faux.*
3. *Vrai.*
4. *Faux.*
5. *Faux.*
6. *Faux.*

■ **Exercice 8**
Le voleur est le clown numéro 2.

■ **Exercice 9**
1. en cuir.
2. en soie.
3. en plastique.
4. en velours.
5. en cuir.

Exercice 10

1. enlève.
2. boutonne.
3. attache.
4. enfile.

Exercice 11

1. *d.*
2. *c.*
3. *a.*
4. *b.*

Exercice 12

1. se déshabiller.
2. enlever.
3. boutonner.
4. desserrer.
5. mettre.

Exercice 13

1. bonnet.
2. lunettes.
3. cravate.
4. gants.
5. écharpe.
6. ceinture.
7. montre.

8. foulard.
9. bracelet.
10. collier.
11. chapeau.
12. boucles d'oreilles.

Exercice 14

1. casquette, bonnet, chapeau.
2. cravate, foulard, écharpe.
3. gants.
4. ceinture.

Exercice 15

Il manque : la ceinture, les gants, les lunettes, le chapeau, les boucles d'oreilles, le bracelet, le foulard.

Exercice 16

Dans un magasin de vêtements, on peut entendre les phrases :
1, 3, 5, 6, 8, 9, 10.

SITUATIONS

Exercice 1

7, 3, 8, 9, 1, 5, 4, 6, 2.

Exercice 2

1. t'habiller.
2. mettre.
3. longue.
4. unie.
5. veste.
6. à rayures.
7. acheté.
8. costume.
9. à rayures.
10. une chemise.
11. unie.
12. une cravate.
13. unie.

Exercice 3

1. pyjama.
2. à fleurs.
3. pantalon.
4. sandales.
5. à pois.
6. robe.
7. à rayures.
8. lunettes.

LES ÉMOTIONS ET LES SENTIMENTS
LE CARACTÈRE

■ **Exercice 1**

1. rit.
2. rougit.
3. sourit.
4. pleure.
5. crie.
6. tremble.
7. chante.

■ **Exercice 2**

1. *b.*
2. *d.*
3. *a.*
4. *c.*
5. *e.*

■ **Exercice 3**

1. surpris.
2. indifférent.
3. contente.
4. regrette.
5. jalouse.
6. colère.
7. triste.

■ **Exercice 4**

1. *b.*
2. *a.*
3. *d.*
4. *c.*

■ **Exercice 5**

1. aimable.
2. courageuse.
3. gai.
4. peureux.
5. prudente.
6. maladroite.
7. paresseux.

■ **Exercice 6**

1. *e.*
2. *a.*
3. *f.*
4. *h.*
5. *i.*
6. *c.*
7. *d.*
8. *g.*
9. *b.*
10. *k.*
11. *j.*

■ **Exercice 7**

1. *d.*
2. *a.*
3. *e.*
4. *g.*
5. *c.*
6. *b.*
7. *h.*
8. *f.*

■ **Exercice 8**

1. généreux.
2. aimables.
3. gais.
4. paresseux.
5. impatients.
6. égoïstes.

■ **Exercice 9**

1. *Vrai.*
2. *Faux.*
3. *Faux.*
4. *Vrai.*
5. *Vrai.*
6. *Faux.*
7. *Vrai.*
8. *Vrai.*

SITUATIONS

■ Exercice 1

1. imprudents,
   irresponsables.
2. discret, impolis.
3. gaie, généreux.
4. intolérants, gentils.
5. maladroite,
   aimable.
6. courageuse,
   peureuse.

■ Exercice 2

1. dur.
2. insensible.
3. indiscret.
4. malhonnête.
5. aimable.
6. généreux.
7. patient.
8. honnête.
9. prudent.

■ Exercice 3

1. intolérante.
2. impatiente.
3. généreux.
4. gai.
5. ris.
6. optimiste.
7. gentils.
8. doux.
9. affectueux.
10. sensible.
11. pleurer.

■ Exercice 1
1. cour de récréation.
2. salle de classe.
3. cantine.
4. bureau du directeur.
5. salle des professeurs.
6. bibliothèque.
7. gymnase.

■ Exercice 2
1. *d.*
2. *b.*
3. *e.*
4. *c.*
5. *a.*

■ Exercice 3
1. Le directeur ou la directrice.
2. Les surveillants.
3. Les enseignants.
4. La / Le documentaliste.
5. Les élèves.

■ Exercice 4
1. école maternelle.
2. lycée.
3. école primaire.
4. collège.
5. université.

■ Exercice 5
1. *d.*
2. *c.*
3. *b.*
4. *a.*

■ Exercice 6
1. *b.*
2. *a.*
3. *b.*
4. *a.*
5. *a.*
6. *a.*
7. *b.*
8. *a.*
9. *b.*
10. *b.*

■ Exercice 7
1. écrire, écriture.
2. livres, lire, lecture.
3. traduire, traduction.
4. calculatrice, calcul, calculer.

■ Exercice 8
1. tableau.
2. bureau.
3. cartable.
4. carte.
5. table.
6. chaises.

■ Exercice 9
1. trousse.
2. crayon.
3. gomme.
4. classeur.
5. taille-crayon.
6. livre.
7. règle.
8. cahier.
9. stylo.
10. calculatrice.

Exercice 10
1. calculatrice.
2. règle.
3. carte.
4. gomme.
5. tableau.
6. cartable.

Exercice 11
le stylo, la trousse, la gomme, le taille-crayon, le classeur.

Exercice 12
1. gymnastique.
2. espagnol, latin, français.
3. arts plastiques.
4. mathématiques / maths.
5. musique.

Exercice 13
1. *a.*
2. *f.*
3. *d.*
4. *g.*
5. *b.*
6. *e.*
7. *c.*

Exercice 14
1. contrôles, évaluer.
2. devoirs.
3. examen.
4. passer, concours.
5. réussir.

Exercice 15
1. licence.
2. doctorat.
3. maîtrise.
4. baccalauréat.

Exercice 16
1. faculté de médecine.
2. droit.
3. ingénieur.
4. école des beaux-arts.
5. commerce.

SITUATIONS

Exercice 1
1. contrôle.
2. géo.
3. prof.
4. carte.
5. note.
6. exercices.
7. maths.
8. lycée.
9. jouer.
10. étudier.

Exercice 2
1. dans les salles de classe.
2. de gymnastique.
3. d'espagnol.
4. le bureau.
5. à la bibliothèque.
6. en cours.

Exercice 3
1. professeur.
2. élève.
3. classe.
4. note.
5. mathématiques.
6. matière.
7. étudie.
8. université.
9. professeur.

CHAPITRE 12
LE TRAVAIL

■ Exercice 1
1. ouvrier.
2. hôpital.
3. serveur.
4. école.
5. facteur.
6. commissariat de police.
7. agriculteur.
8. magasin.

■ Exercice 2
1. dans un bureau.
2. dans un cabinet médical.
3. dans une usine.
4. dans un théâtre.
5. dans un hôpital.
6. dans une voiture.
7. dans un avion.
8. dans un magasin.

■ Exercice 3
1. *d.*
2. *g.*
3. *f.*
4. *b.*
5. *c.*
6. *e.*
7. *a.*

■ Exercice 4
1. dossiers.
2. ordinateur.
3. enveloppes.
4. imprimante.
5. ciseaux.
6. calculatrice.

■ Exercice 5
1. enveloppe.
2. ciseaux.
3. téléphone.
4. dossiers.
5. ordinateur.
6. calculatrice.
7. photocopieur.

■ Exercice 6
1. *Faux.*
2. *Faux.*
3. *Vrai.*
4. *Vrai.*
5. *Faux.*
6. *Vrai.*

■ Exercice 7
1. chef de service.
2. directeur.
3. comptable.
4. employés.
5. personnel.

■ Exercice 8
1. *c.*
2. *f.*
3. *a.*
4. *e.*
5. *b.*
6. *d.*

■ Exercice 9
1. Le poste.
2. Le salaire.
3. La durée du contrat.
4. Les horaires.
5. Le lieu de travail.

■ **Exercice 10**

1. *h.*

2. *c.*

3. *e.*

4. *d.*

5. *j.*

6. *g.*

7. *i.*

8. *b.*

9. *a.*

10. *f.*

■ **Exercice 11**

1. grève.

2. chômage.

3. stage.

4. syndicat.

5. retraite.

6. congé.

■ **Exercice 12**

1. *Faux.*

2. *Vrai.*

3. *Vrai.*

4. *Faux.*

5. *Vrai.*

6. *Vrai.*

7. *Vrai.*

■ **Exercice 13**

1. *c.*

2. *f.*

3. *b.*

4. *d.*

5. *a.*

6. *e.*

SITUATIONS

■ **Exercice 1**

1. coiffeuse.

2. journaliste.

3. infirmier / médecin.

4. médecin / infirmier.

5. agricultrice.

6. mécanicien.

7. profession.

8. professeur.

■ **Exercice 2**

A/

1. société.

2. internationale.

3. recherche.

4. comptable.

5. bilingue.

6. contrat.

7. C V.

B/

1. emploi.

2. expérience.

3. travailler.

4. entreprise.

5. couramment.

6. stage.

■ **Exercice 3**

1. travail.

2. secrétaire.

3. directeur.

4. agence immobilière.

5. salaire.

6. bureau.

7. lettres.

8. ordinateur.

9. dossiers.

10. téléphone.

11. chômage.

LES VACANCES ET LE TOURISME

■ Exercice 1

1. *d.*
2. *c.*
3. *b.*
4. *f.*
5. *e.*
6. *a.*

■ Exercice 2

1. des renseignements.
2. une voiture.
3. une place.
4. une réservation.
5. un billet.

■ Exercice 3

1. voyager, voyageur, voyage.
2. partir, départ, arrivée, arriver.
3. touristique, touristes, tourisme.

■ Exercice 4

1. agence de voyages.
2. office de tourisme.
3. catalogue.
4. dépliant.
5. publicité.

■ Exercice 5

1. renseigner.
2. catalogue.
3. voyage.
4. informations.
5. dépliant.
6. réserver.

■ Exercice 6

1. personne.
2. transport.
3. vol.
4. transferts.
5. assurance.
6. location.

■ Exercice 7

1. passager.
2. carte d'embarquement.
3. couloir.
4. bagages.

■ Exercice 8

1. voie.
2. quai.
3. guichets.
4. buffet.
5. compartiment.
6. valise.

■ Exercice 9

1. *Dans l'avion.*
2. *Dans le train.*
3. *Dans le train.*
4. *Dans l'avion.*
5. *Dans le train.*
6. *Dans le train.*

7. *Dans le train.*
8. *Dans l'avion.*
9. *Dans l'avion.*
10. *Dans l'avion.*

■ Exercice 10
1. *Le client.*
2. *L'employé.*
3. *Le client.*
4. *L'employé.*
5. *Le client.*
6. *L'employé.*
7. *Le client.*
8. *Le client.*
9. *Le client.*
10. *L'employé.*
11. *L'employé.*
12. *Le client.*

■ Exercice 11
3, 1, 5, 2, 4.

■ Exercice 12
A/
2, 5, 1, 3, 6, 4.
B/
4, 6, 1, 3, 5, 7, 2.

■ Exercice 13
1. sac à dos.
2. carte.
3. plan.
4. caméscope.
5. appareil photo.
6. guide.

■ Exercice 14
1. Un plan.
2. Un caméscope.
3. Un guide.
4. Un appareil photo.
5. Un sac à dos.
6. Une carte.

■ Exercice 15
1. *Elle est contente.*
2. *Elle n'est pas contente.*
3. *Elle n'est pas contente.*
4. *Elle est contente.*
5. *Elle n'est pas contente.*
6. *Elle est contente.*
7. *Elle est contente.*
8. *Elle n'est pas contente.*

SITUATIONS

■ Exercice 1
1. réserver.
2. billet d'avion.
3. partir.
4. vol.
5. départ.
6. arrivée.
7. place.
8. touristes.

■ Exercice 2
1. voyageur.
2. départ.
3. guide.
4. vols.
5. assurance.
6. hôtels.
7. taxis.
8. trains.
9. photos.

■ Exercice 3
1. voyage.
2. train.
3. billet.
4. compartiment.
5. caméscope.
6. hôtel.
7. touristes.
8. musée.
9. guide.

LES ÉLÉMENTS NATURELS
ET LE TEMPS QU'IL FAIT

■ Exercice 1

1. soleil.
2. plage.
3. étoiles.
4. lune.
5. île.
6. ciel.
7. océan.
8. forêt.
9. rivière.
10. mer.
11. sable.
12. lac.
13. montagne.

■ Exercice 2

1. La lune.
2. la mer.
3. cette forêt
4. L'océan.
5. lacs.

■ Exercice 3

1. île.
2. montagne.
3. mer.

4. forêt.
5. sable.

■ Exercice 4

1. *b.*
2. *d.*
3. *c.*
4. *f.*
5. *a.*
6. *e.*

■ Exercice 5

1. montagneuse.
2. étoilé.
3. océanique.
4. terrestre, maritime.
5. désertique.

■ Exercice 6

1. brouillard.
2. nuages.
3. pluie.
4. orage.
5. soleil.
6. vent.
7. neige.

■ Exercice 7

1. neige.
2. soleil.
3. ciel.
4. nuages.
5. pluie.
6. brouillard.

■ Exercice 8

1. *c.*
2. *b.*
3. *d.*
4. *a.*

■ Exercice 9

a/ Le temps est couvert,
   le ciel est nuageux,
   il y a des nuages.
b/ Le temps
   est pluvieux,
   la pluie tombe,
   il pleut.
c/ Il tombe de la neige,
   il neige.

d/ Le temps
    est ensoleillé,
    le soleil brille.
e/ Il y a du vent,
    le vent souffle.

■ Exercice 10
1. tombe.
2. brille.
3. éclate.
4. souffle.
5. se couvre.
6. tombe.

■ Exercice 11
1. pluvieux, pleut,
    les pluies.
2. neige, La neige,
    enneigés.

3. nuageux, les nuages.
4. le soleil, orageux,
    les orages,
    ensoleillées.

■ Exercice 12
1. sec.
2. désagréable.
3. froid.
4. mauvais.

■ Exercice 13
1. Il gèle.
2. Il fait froid.
3. Il fait frais.
4. Il fait bon. Il fait
    doux.
5. Il fait chaud.

SITUATIONS

■ Exercice 1
1. temps.
2. ensoleillée.
3. couvert.
4. soufflera.
5. fort.
6. neige.
7. nuages.
8. soleil.
9. douces.

■ Exercice 2
1. montagneuse.
2. paysage.
3. sommet.
4. forêts.
5. village.
6. rivière.
7. mer.
8. plage.

LA COMMUNICATION

■ **Exercice 1**

1. téléphone.
2. télécarte.
3. fax.
4. portable.
5. répondeur.
6. cabine téléphonique.
7. annuaire.

■ **Exercice 2**

1. *f.*
2. *a.*
3. *e.*
4. *c.*
5. *b.*
6. *d.*

■ **Exercice 3**

2, 5, 3, 1, 4.

■ **Exercice 4**

1. décrocher, composer.
2. raccroche.
3. message, répondeur.
4. rappellerai.
5. sonne.

■ **Exercice 5**

1. *Quand on répond.*
2. *Quand on répond.*
3. *Quand on appelle.*
4. *Quand on répond.*
5. *Quand on répond.*
6. *Quand on appelle.*
7. *Quand on appelle.*
8. *Quand on répond.*
9. *Quand on appelle.*
10. *Quand on répond.*

■ **Exercice 6**

1. carte de visite.
2. numéro de téléphone.
3. message.
4. répondeur.
5. portable.
6. adresse électronique.

■ **Exercice 7**

1. écran.
2. hauts-parleurs.
3. souris.
4. clavier.
5. scanner.
6. disquettes.
7. CD-ROM.

■ **Exercice 8**

3, 1, 2, 7, 6, 5, 4.

■ **Exercice 9**

1. titre.
2. journal.
3. article.
4. émission.
5. chaîne.
6. magazine.
7. publicité.
8. nouvelles.
9. radio.
10. programme télé.

Exercice 10

1. un article.
2. une chaîne.
3. la télévision.
4. la radio.
5. une station.

Exercice 11

1. télévision.
2. publicité.
3. journal.
4. photos.
5. nouvelles.
6. chaînes.
7. émissions.

SITUATIONS

Exercice 1

1. journaliste.
2. téléphone.
3. portable.
4. télévision.
5. émissions.
6. journal.
7. ordinateur.

Exercice 2

1. ordinateur.
2. écran.
3. imprimante.
4. Internet.
5. tapis.
6. téléphone.
7. adresse électronique.

Exercice 3

1. ordinateur.
2. écran.
3. disquettes.
4. Internet.
5. adresse électronique.
6. téléphone.
7. imprimante.
8. souris.

Imprimé en France par MAME (n° 04102171)
Dépôt légal n° 52770-10/2004 - Collection n° 23 - Edition n° 03
15/5154/8